BLICK VON DER ALTEN POST ~ 260 STUFEN !

Rund um das Hamburger Rathaus

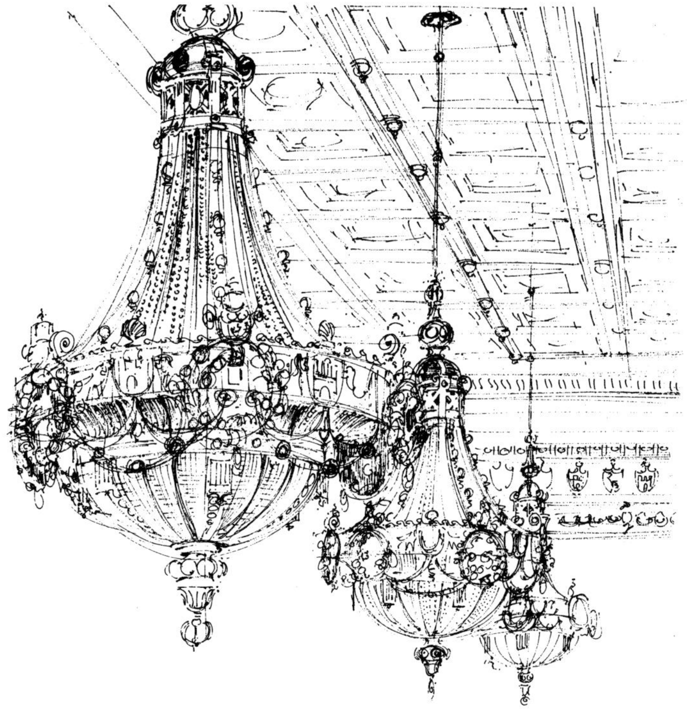

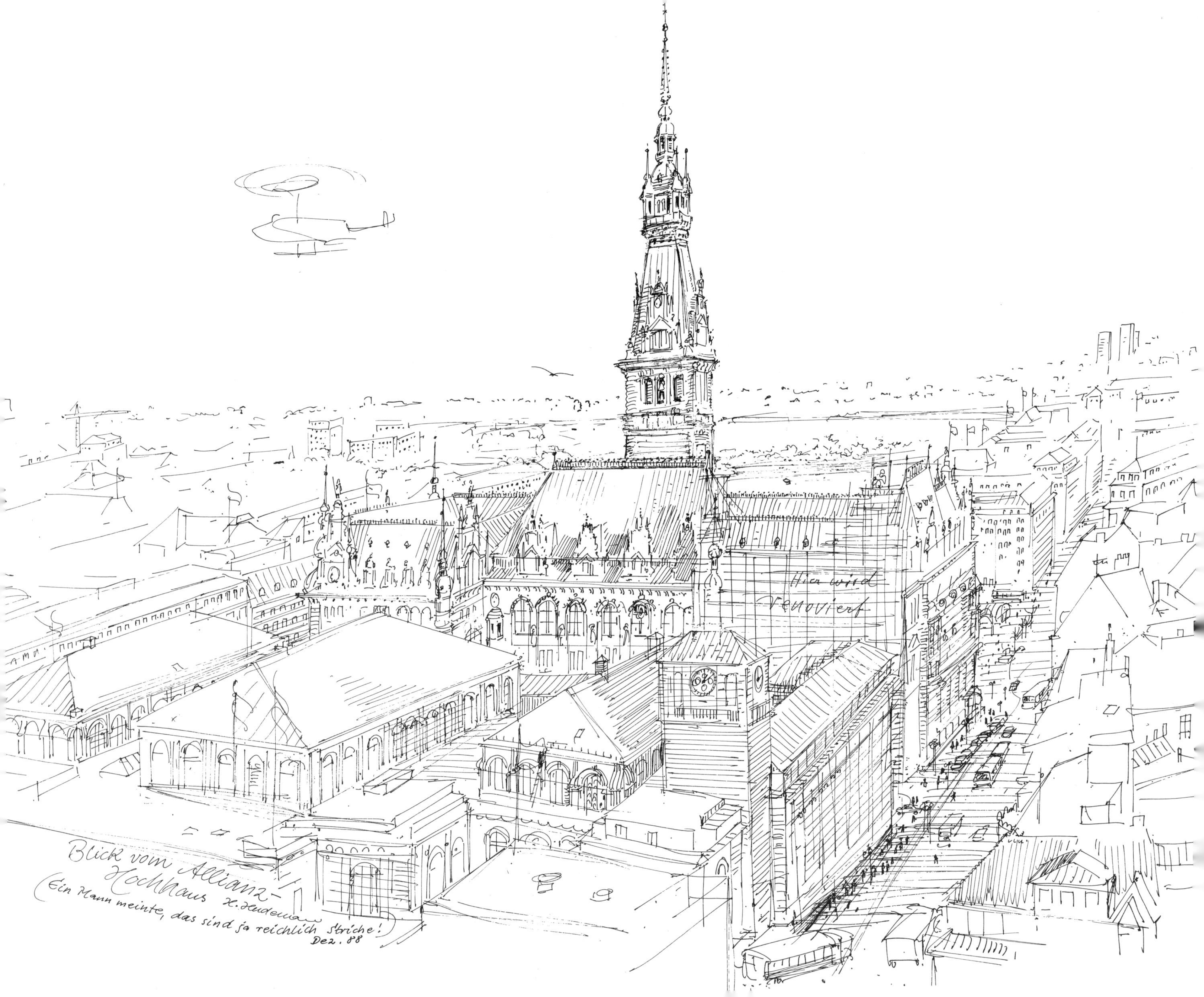
Hier wird renoviert
Blick vom Allianz-Hochhaus
(Ein Mann meinte, das sind ja reichlich Striche!)
Dez. 88

Hudemann · Hudemann-Schwartz · Gramm

Rund um das Hamburger Rathaus

Christians

Staatsbesuch - mit Hindernissen

Wenn es der Stadtrepublik zu Ehren und Nutzen gereicht, dann sind im Hamburger Rathaus natürlich auch königliche Gäste hochwillkommen. In der Stadt, in der einst die „Kaufmannsaristokratie" über allem und allen thronte, und wie heute noch jeder echte Hanseat einen Orden ablehnte,* hat man sich in jüngster Zeit zu wichtigen Konzessionen gegenüber hochadligen Damen durchgerungen. So empfängt der Bürgermeister regierende Königinnen vor dem Rathaus, auf gleicher Stufe stehend. Bei anderen Staatsgästen hingegen wartet das Oberhaupt der Hansestadt oben auf der Treppe zum Senatsgehege. Es ist eben auch heute noch etwas Besonderes, Hamburger Bürgermeister zu sein.

Queen Elizabeth II. von England und Niederlandes Königin Juliane gehören zu den Glücklichen, denen diese Vorzugsbehandlung vor dem Rathaus zuteil wurde. Daß die resolute Oranierin dabei ihre Brillanten verlor, war im Protokoll nicht vorgesehen. Aber am Ende nahm die Episode einen guten Verlauf: Ein aufmerksamer Polizist entdeckte den Schmuck. Die vermögende Besitzerin war nicht nur des Dankes voll, sondern spendierte königlichen Finderlohn.

* Dazu fällt mir ein Goethe-Zitat ein: „Ein Titel und ein Orden hält im Gedränge manchen Puff ab." (kanns mol sehn, de een loot em susen, un de annere steckt em sik an de Bost! H.H.)

A.D. 1897
ES "BRUMMT" WIEDER IM RATHAUS!
DA GINGEN GRAD "WICHTIGE" MENSCHEN
DIE TREPPE 'RAUF! SENATSTREPPE HH
C. HUDEMANN-SCHWARZ 88

Nicht alle Monarchen haben in Hamburg herrlichstes Kaiserwetter erlebt. Wir schreiben das Jahr 1868. Der preußische König, der spätere Deutsche Kaiser Wilhelm I., hatte sich zum Staatsbesuch angesagt. Schon lange vorher hatte der Hohe Senat der unvermeindlichen Visite voll unguter Ahnungen entgegengebangt. Besaß die Stadt doch nicht einmal ein Rathaus – das alte war beim Großen Brand 1842 in Flammen aufgegangen, und auf ein neues vermochte man sich nicht zu einigen. So kam es, wie es kommen mußte: Der denkwürdige Septemberbesuch hielt, was das Barometer vorher versprochen hatte. Es regnete junge Hunde und wollte partout nicht aufhören. Ideale Voraussetzungen also für eine „Lustfahrt" auf der Elbe und für strahlendes „Brillant-Feuerwerk. Nicht nur, daß der weißhaarige alte Herr aus Berlin dreimal seine klitschnassen Socken wechseln mußte, obendrein geriet der unerhört moderne und elegante Hapag-Dampfer „Hammonia" in der Höhe Teufelsbrück auf Schiet – wie der Hamburger zu sagen pflegt – und saß erst einmal fest.

Glücklicherweise konnte wenigstens ein kleiner Schlepper den „Keunich" aus seiner mißlichen Lage erretten und den 71jährigen nach weiteren Irrungen und Wirrungen an Land bringen. Daß dabei ein Senator vom Stehkragen bis zur Gamasche völlig durchweicht wurde, ein übereifriger Diener in die schon damals trübbraune Elbe stolperte und Frau Senator beim festlichen Gala-Diner den König mit Hummersoße übergoß, während draußen über der Alster das teure Feuerwerk verpuffte, soll der guten Stimmung keinen Abbruch getan haben. Später, so wissen die Chronisten zu berichten, sollen die Besuche der Majestäten aus dem Hause Hohenzollern weniger ereignisreich gewesen sein.

Die alten Rathäuser: das dritte wurde Bierlokal

Hamburg war immer republikanisch, aber nicht im modernen Sinne demokratisch. Das allgemeine und gleiche Wahlrecht wurde in der Hansestadt erst nach dem Ersten Weltkrieg eingeführt, als im Deutschen Reich diese Art des aktiven Wahlrechts bereits über 40 Jahre Gesetz war. Vorher wählten ausschließlich die Bürger den Rat der Stadt, wie die Regierung damals hieß. In Hamburg konnte im Prinzip jede Person männlichen Geschlechts den Bürgerbrief erwerben, wenn er bestimmte Voraussetzungen erfüllte: beträchtlicher Grundbesitz, ein ansehnliches Barvermögen, die Zugehörigkeit zu einem geachteten Berufsstand wie etwa Kaufmann, Reeder oder Jurist.

Sechs verschiedene Rathäuser hat es in acht Jahrhunderten Hamburger Stadtgeschichte gegeben. Je nach Zeitströmung und -geschmack, nach Maßgabe einer gefüllten oder leeren Stadtkasse, baute der Rat, der sich erst im 19. Jahrhundert mit dem feineren Ausdruck „Senatus" ansprechen ließ, mal größer, mal kleiner, mal prunkvoll oder bescheiden.

Das erste Rathaus leisteten sich die Neustädter. Um 1200 errichteten sie ein einfaches Gebäude mit Weinkeller auf dem Hopfenmarkt. Das wurmte die Bürger der älteren, erzbischöflichen Stadt – Hamburg bestand damals noch aus zwei unabhängigen Gemeinden. Am alten Fischmarkt zogen sie nun ihr eigenes Gemäuer hoch. Als die beiden Städte 1216 den Bund für's Leben eingingen, beschloß man vernünftigerweise: „Ein rathus scal men ok hebben unde anders nein" (Ein Rathaus soll man auch haben und kein weiteres daneben). Die Maurer und Zimmerleute machten sich nun an's Werk und errichteten nach 1230 am Dornbusch / Ecke Johannisstraße einen schmalen

Bürgermeister Friedrich Petersen 1802–1892 Statue am Neuerwall

hohen Bau mit großem Versammlungssaal. Als Rathaus diente das – später wegen seines Bierausschanks im ersten Stock – „Eimbecksche Haus" genannte Gebäude nur ein halbes Jahrhundert.

Nun besaß man also ein gemeinsames Rathaus. Es fehlte hingegen der große repräsentative Wurf, womit man Gäste aus fernen Ländern beeindrucken konnte. So verdienten die Handwerker an der Elbe abermals gutes Geld, als 1290 am Neß/Ecke Trostbrücke das vierte Rathaus entstand. Wie zur damaligen Zeit überall in Deutschland üblich, entschied man sich wieder für einen Saalbau mit Laube.

Das alte Rathaus um 1840. Aquarell von C. Laeiß

Mit seiner Breite von 26 Metern und der Gesamthöhe von 20 Metern konnte sich der neue Regierungssitz endlich sehen lassen. Die Backsteine waren so scharf gebrannt, daß sie bläulich schimmerten. Auch beim Zierart wurde nicht geknausert. Zu beiden Seiten der Empfangstür hatte man das Schutzpatronat der Stadt gruppiert: die Jungfrau Maria und den heiligen Petrus. Über der Pforte: das Stadtwappen mit der dreitürmigen Burg und das holsteinische Nesselblatt. In jenen Tagen fühlten sich die Hamburger durchaus noch als Teil des Herzogtums Holstein, was sie später allerdings nicht mehr wahrhaben wollten und später in ihrer offiziellen Stadtgeschichte tunlichst unter den Tisch fallen ließen.

Noch war der Komfort in dem großen Hause gering. Die Versammlungshalle war zum Beispiel nicht zu beheizen. Kaiser, Könige und Gesandte befreundeter Mächte mußten, falls sie im Winter geruhten zu reisen, mit Wärmpfannen unter den Füßen vorliebnehmen.

Wenn der Senat in diesem Saal tagte, dann nur in einer bestimmten, seit altersher festgelegten Sitzordnung, die sich bis in die heutigen Zeit überliefert hat: An einem Tisch-Quaree thronen an der Stirnseite die beiden Bürgermeister. An den langen Seiten nehmen die Senatoren Platz. Den Bürgermeistern gegenüber walten die Sekretäre, Protokollanten und Sprecher ihres Amtes.

Durch einige Erweiterungen wurde das Rathaus immer größer und prunkvoller gestaltet. Im Jahre 1602 fügte man ein Renaissancegebäude hinzu. Es überragte den mittelalterlichen Rathausteil um etliche Meter. Der Wohlstand der Stadt war gestiegen, und damit das Selbstbewußtsein der Bürger. Als der Kaiser in Wien Hamburg als „freie Reichsstadt" anerkannte, schmückte man nicht nur aus purer Dankbarkeit 15 Wandnischen mit den Standbildern Deutscher Kaiser, sondern man tat dieses auch als Affront gegen die dänischen Könige, die bemüht waren, Hamburg als holsteinische Stadt ihrem Reich einzuverleiben. Weil diese ärgerliche holsteinische Vergangenheit endgültig getilgt werden mußte, ließ der Rat das Nesselblatt über dem Eingangstor prunkvoll kaschieren.

Nun putzte man das Innere des Rathaus mit viel Geld heraus. In allen Räumen installierte man Heizungen. Die Kaiser wurden mit goldenen Namensschildern verziert. Die Wände verkleidete man mit schönstem eichernen Tafelwerk. Die Bleifenster leuchteten in den buntesten Farben, dazu Marmor, Alabaster und kostbare Schränke und Truhen für alle Zimmer und Säle. Reisende rühmten das Hamburger Rathaus wegen all seiner Pracht.

Mit der Aufklärung verbannte man das „dumpfe Mittelalter" aus den Räumen. Die Ideologie strenger Ordnung und Simplizität sollte Einzug halten.

Die goldenen Standbilder zwölf starker Helden deportierte man wegen ihrer angeblich fürchterlichen Posituren auf den städtischen Bauhof oder verschenkte sie. Die bunten Fenster wurden durch große helle Scheiben ersetzt. Aus den Rathauszimmern wurden die Bilder entfernt, insgesamt 140, darunter Werke von Rubens und Rembrandt. Bei Versteigerungen verschleuderte man unschätzbare Kulturgüter zu lächerlichen Preisen. Selbst die Blumen hatten der neuen klaren Linie zu weichen. Die früher täglich erneuerten Sträuße in den Bürgermeisterzimmern und in den Amtsstuben wurden als Zeichen vermeintlicher Dekadenz abgeschaft. Endlich war das Hamburger Rathaus hell und aufgeklärt, wenn auch ein bißchen trostlos.

Das Waisenhaus um 1848

Gut fünfzig Jahre später besiegelte der Große Brand das Schicksal des Gebäudes. Freitagmorgen, den 6. Mai 1842 2¼ Uhr, wurde das Haus geräumt und kurz danach in die Luft gesprengt, um eine Bresche in die Feuerbrunst zu schlagen. Letzteres mißlang.

Senat und Bürgerschaft bezogen ein Provisorium: Das bisherige Waisenhaus in der Admiralitätsstraße wurde Interims-Rathaus. 55 Jahre bestand diese Notlösung. Während der endlose Kampf um den Neubau tobte, mußten Senat und Bürgerschaft auch noch wegen Platzmangels getrennt werden. Die Bürgerschaft zog in das soeben fertiggestellte Gebäude der Patriotischen Gesellschaft.

Die „rathauslose", die schreckliche Zeit

Das Projekt des sechsten Rathauses erschien den Zeitgenossen wie eine unendliche Geschichte. Mehr als ein halbes Jahrhundert dauerte es, bis alles schicklich beieinander war. Die 48er Revolution und Wirtschaftskrisen erschütterten derweil die Börse. Preußen eroberte die Herrschaft in Schleswig und Holstein. Bismarck proklamierte im Schloß Versailles das Deutsche Reich. Hamburg wurde wohl oder übel Teil des neuen Staates und focht mit dem Kanzler um Zollprivilegien und Freihafen-Privilegien. Die Weltpolitik geriet immer stärker unter den Einfluß der Chauvinisten und Kolonialisten, während in Hamburg Architekten stapelweise Papier verschwendeten, um Rathauszeichnung um Rathauszeichnung anzufertigen, die letztlich alle in den Archiven verschwanden.

Es war den immerzu mäkelnden und zögerlichen Stadtvätern einfach nicht recht zu machen. Dabei hatte man sich über den neuen Standort des Gebäudes schnell geeinigt, noch im Jahre 1842. Der Platz mit Blick zur Kleinen Alster, direkt vor der Börse, bot sich an, und einstimmig hatte man mit dem Kopf genickt. Aber welcher Stil war passend? Der englische Ingieneur Lindley, der damals

Rummel
September 88

die erste unterirdische Hamburger Kanalisation anlegte, machte einen Vorschlag. „Zu technisch!" hob das Geschrei an. und die Zeichnungen wanderten zu den Akten.

Syndikus Dr. Karl Sieveking träumte von einem „Nordischen Venedig". Gottfried Semper, der just das Dresdner Opernhaus vollendet hatte und Alexis de Chateauneuf konnten sich etwas von ihrem Wunsch nach südlicher Heiterkeit erfüllen, als er 1842/43 die Alsterarkaden mit ihren graziösen Rundbogen schuf. An die Signoria von Florenz erinnert die „Alte Post", in der früher die verschiedensten Postdienste untergebracht waren. Der Turm der Alten Post diente 1848/49 als Endpunkt des Optischen Telegraphen zwischen Cuxhaven und Hamburg, der für den Schiffsmeldedienst wichtig war. Über eine Mastenreihe konnten durch Verstellen der Signalarme Buchstaben und Zahlen, zu Nachrichten zusammengefaßt, „lang de Küst" übermittelt werden.* Der Stil des Architekten de Chateauneuf ist auch hier unverkennbar. Zurück zum Rathaus!

Da man sich für nichts so richtig erwärmen konnte, schrieb man 1854 einen internationalen Wettbewerb aus. An dem nahm schon Martin Haller als Pennäler teil – der in über 20 Jahren ... halt! Davon später mehr – und reichte einen Entwurf ein und gelangte sogar in die engere Wahl. Als angeblich Außenstehender verfolgte der Bürgermeistersohn den Wettbewerb mit lebhaftem Interesse und aus nächster Nähe, denn die Arbeiten waren im Johanneum ausgehängt, wo er die Schulbank drückte. Das neugotische Rathaus des Engländers Gilbert Scott erntete den Beifall

(* Mal ins Postmuseum am Stephansplatz gehen!)

der meisten Stadtväter. Ihm schenkte man Lob und Preis, um den Entwurf anschließend, wie alle anderen, dem Staub der Archive zu überlassen.

Die auch heute noch sprichwörtliche Entschlußlosigkeit der Hamburger Stadtväter öffnete den kühnsten Phantasien Tür und Tor. Während der Senat sich beklagte, daß man ausländischen Besuchern gegenüber nicht recht auftreten könne, weil geeignete Repräsentationsräume fehlten, gingen die Diskussionen und die unfruchtbaren Planungen in der Öffentlichkeit weiter. Mal sollte das Rathaus die Binnenalster zieren, mal sollte es auf die Lombardsbrücke gesetzt werden. Der Senat flüchtete sich abermals in die Ausschreibung eines neuen Wettbewerbes. Wieder gab es einen klaren Sieger. Nun war es das Frankfurter Architektenbüro Mylius und Bluntschli, dessen Vorstellungen 1876 zusammen mit den anderen 126 in die Asservatenkammer verbannt wurden.

Martin Haller, der inzwischen zum Hamburger Renommierarchitekten avanciert war und sich in dem Wettbewerb erneut vergeblich bemüht hatte, gründete zusammen mit anderen Architekten 1879 den privaten „Rathausbaumeisterbund". Der Weg zum Erfolg war dornenreich und mühsam. Sieben Jahre lang quälten sie sich mit Plänen und hockten in Kommissionen. 1886, nach der tausendsten Änderung, zeigten sich Senat und Bürgerschaft endlich gnädig und genehmigten 5,6 Millionen Goldmark

für den Bau eines Rathauses im Stil der Neo-Renaissance.

Am 3. April rückten die Arbeiter an, um den Platz vor der Börse aufzureißen, rammten 4000 zwölf Meter lange Eichenpfähle in den morastigen Untergrund, der früher von Alsterarmen durchflossen wurde, und gossen meterdicke Betondecken zwischen die Pfähle. Am 6. Mai 1886 konnte an einem herrlich sonnigen Tag der Grundstein gelegt werden. Die Glocken aller Türme der Stadt läuteten ununterbrochen eine Stunde lang. 1600 Ehrengäste wohnten der Zeremonie bei. Der Senat war erleichtert.

Aber noch sollten elf Jahre verstreichen, bis die rathauslose, die schreckliche Zeit ein Ende hatte. Denn wie konnte es anders sein: Nach so viel Entschlußlosigkeit, nach so viel Ach und Weh allen Plänen gegenüber, wäre eine zügige Bauabwicklung ein Mirakel gewesen. Da es sich aber um ein Problemkind handelte, waren die Schwierigkeiten schon programmiert: Ein Bauarbeiterstreik lähmte die Arbeit für Wochen. Die verheerende Cholera-Epidemie von 1892 tat ihr übriges – das Werk quälte sich mühsam über die Runden.

Am 26. Oktober 1897 war es soweit: Das Rathaus wurde eingeweiht. Ganz Hamburg war auf den Beinen. Weder alt noch jung mochte sich die feierliche Zeremonie entgehen lassen, auf die fast zwei Generationen vergeblich gewartet hatten. Bürgermeister Dr. Versmann, der die Einweihungsrede sprach, wünschte sich: „Fern möge dieser Stätte die politische Streitsucht bleiben und jener Eigensinn", welcher nicht zuzugeben vermag, daß eine abweichende Meinung die richtigere sein könnte." Wie häufig hat man später diesen Satz nicht beherzigt. Mit Blick auf die damals in der Stadt stetig anwachsende Macht der Socialdemokraten formulierte Versmann: „Niemals möge ein verderbliches Fractionswesen sich einschleichen, welches stets Gefahr läuft, das öffentliche Wohl mit dem Interesse der Partei, wenn nicht mit dem eigenen Vortheil zu verwechseln."

Jetzt waren Senat und Bürgerschaft wieder unter einem Dach vereint. Bis aber auch die Inneneinrichtung komplett war, floß selbstverständlich noch viel Wasser die Elbe herunter. 1909 war das Kunststück vollbracht und hatte elf Millionen Goldmark gekostet.

Bürgermeister Dr. Johannes Versmann
1890 – 1899

Die Räume – keine Heizung ohne Brunnen

Mit modernster Technik stattete man das Rathaus aus: Es war das erste Gebäude der Hansestadt, in dem eine Dampffernheizung installiert wurde. Allerdings hatten die Stadtväter der revolutionären Neuerung nicht ausschließlich um des Fortschritts willen zugestimmt. Nein, sie wollten ihre neue Residenz lediglich nicht durch einen hohen Schornstein verunziert sehen, der ansonsten den Rauch aus den damals obligatorischen Öfen in die Luft hätte blasen müssen.

Die nunmehr recht betagte Heizung tut noch immer ihre Dienste, und das teilweise sehr zum Verdruß der im Rathaus Arbeitenden. Sie rasselt und schnauft doch merklich bei Gebrauch (mien gode Rita, wenn Du in de Johren koomst, schnaufst Du ook!) Und auch die Effektivität läßt zu wünschen übrig: Kann man ihr doch entweder nur bullige Hitze oder eisige Kälte entlocken. Wohltemperierte Wärme, stufenweise geregelt, können die Rathausbeamten nur zu Hause genießen. Wer im Winter nach 18 Uhr noch an seinem Rathausschreibtisch

EINGANGSHALLE IM HAMBURGER RATHAUS
('MAL OHNE PUBLIKUM)
C. HUDEMANN-SCHWARTZ 88

sitzen muß, der muß sogar Wärme auf Vorrat tanken, denn pünktlich um diese Zeit wird die Heizung abgedreht.

Der Hygicia-Brunnen im Ehrenhof zwischen Rathaus und Börse dient nicht nur der Zierde, über ihn läuft der Rauchabzug der Heizung und die Rathaus-Klimaanlage. Eigentlich sollte ja Merkur, der griechisch-römische Gott der Diebe, Wegelagerer und Kaufleute, in den Wasserspielen baden, denn er gilt als der wahre Schutzpatron der Stadt. Aber während der Cholera-Epidemie, die im August 1892 in Hamburg 8605 Todesopfer forderte, änderte man die Meinung und setzte anstatt seiner die antike Göttin der Gesundheit und Sauberkeit in den Brunnen.

„Libertatem quam peperere maiores digne studeat servare posteritas" (zu deutsch: Die Freiheit, die die Alten errungen, sollte die Nachwelt sich bemühen, würdig zu erhalten.) steht über dem Rathausportal.

Patriotismus und Lokalstolz schwingen unüberhörbar mit, wenn bei den Rathausführungen der Hamburger Regierungssitz mit dem Londoner Schloß der Windsor-family verglichen wird: 647 Räume zählt das Rathaus, sechs mehr als der Buckingham-Palace. Von hanseatischem Understatement keine Spur. Was dem Besucher verschwiegen wird: Die meisten Rathauszimmer sind schlicht und einfach eingerichtet. Hier spielt sich der Alltag ab, hier wird gearbeitet.

Die Vorzeigegemächer, die während der täglichen Besichtigungen durcheilt werden und die die Staatsgäste zu Gesicht bekommen, sind in der Minderzahl, dafür aber doppelt kostbar ausgestattet. Phoenixsaal, Senatsgehege, Großer Festsaal, Kaisersaal, Bürgermeister-Amtszimmer, Waisenzimmer, Bürgersaal und Turmsaal heißen die Repräsentationsfluchten. Holzvertäfelungen, Ledertapeten, gediegenes Mobiliar, Kronleuchter und Monumentalgemälde

KAISERSAAL MIT
"SWIMMING-POOL DES SENATS"
...UND NOCH EINE FÜHRUNG
„OH GUCK MAL, GUCK MAL, DIE
TUT MALEN"!
C.H.S. 88

IM TURMSAAL

C. HUDEMANN-SCHWARTZ 89

schmücken die Räume. Die Pracht des mittelalterlichen Rathauses grüßt in wilhelminischem Gewande.

Mit der Bezeichnung der Räume hat es auch seine Bewandnis: Im Phoenixsaal erinnern Bilder und Statuen daran, daß Hamburg nach dem Großen Brand wie Phoenix aus der Asche wiedererstand. Beim Kaisersaal handelt es sich um einen frühvollendeten Teil des Rathauses. Als 1895 Seine Majestät, der junge Kaiser Wilhelm II., geruhte, die Eröffnung des Kaiser-Wilhelm-Kanals (heute Nord-Ostsee-Kanal) auch in Hamburg zu feiern, putzte man dieses Zimmer vorzeitig heraus. (den Kaisersaal).

Das Waisenzimmer hat ebenfalls seine rührende Geschichte. 80 Knaben des städtischen Waisenhauses im Alter von acht bis vierzehn Jahren schnitzten Türen und Wandverkleidungen in fünfjähriger Arbeit. Aber es waren nicht nur die mutter- und vaterlosen Kinder, die sich um die Jahrhundertwende daran beteiligten, das neue Rathaus zu verschönern und zu beschenken. Fast jede Hamburger Familie hat damals gespendet: Bilder, Silber, Säulen und Teppiche. Alles natürlich im Stil der Zeit, die Germanisch-Teutsches bevorzugte. Die fünf gewaltigen

Gemälde im großen Festsaal könnten fast alle das Nibelungenlied illustrieren, nur das Bild des Hafens ist typisch hanseatisch. Fast 1000 Gäste können unter den drei Bronzebüstern mit ihren jeweils 280 Glühbirnen tafeln. Eines der wichtigsten Treffen, das hier alljährlich veranstaltet wird, ist die Matthiae-Mahlzeit am 24. Februar. Sie wurde 1356 zum erstenmal zelebriert. An diesem festlichen und opulenten Mahl sollen Vertreter der Stadt und „freundlich gesonnener Mächte" teilnehmen. Früher gebührte der Ehrenplatz dem Kaiserlichen Gesandten in Wien und offiziellen holländischen Vertretern, denn diese hielten über Jahrhunderte ihre schützenden Hände über die Hansestadt. Damals mußte nur für ungefähr 40 Personen gekocht werden. Heute ist die Zahl des illustren Kreises auf 100 angewachsen. Ein Bundesminister, wenn nicht gar der Kanzler selbst, sowie der Botschafter eines wichtigen Landes gehören zu den Persönlichkeiten bei Tisch.

Freundschaftsgaben und Ratssilber zum Abschied

Gekrönte Häupter können eigentlich „nicht mehr bieten als sich selbst", heißt ein geflügeltes Wort auf dem diplomatischen Parkett. Deshalb ist ihr Gastgeschenk meistens ihr eigenes Porträt, fein gerahmt samt Widmung.

Aber Ausnahmen bestätigen die Regel. So überreichte der englische König Edward VII. im Jahre 1904 bei seinem Besuch in Hamburg den Stadtvätern einen reich mit Edelsteinen verzierten vergoldeten Silberpokal. Das Prunkstück zählt heute zu den wertvollsten Objekten der Schatzkammern im Hamburger Rathaus

Überhaupt war man früher eher freigebig, wenn nicht gar üppig mit Gastgeschenken. Heute hingegen beläßt man es bei Staatsbesuchen häufig bei freundlichen Worten. Doch auch die moderne Zeit kommt nicht ganz ohne Freundschaftsgaben aus. So brachte Kremlchef Leonid Breschnew 1978 ein Souvenir aus seiner Heimat mit: Die Porzellanvase mit der gemalten Ansicht Moskaus ziert jetzt den Aufenthaltsraum des Senats.

Aber nicht nur Staatsgäste von fern und nah, sondern auch die Hamburger Bürger verehrten dem Rathaus Präsente, besonders damals, als das Gebäude gerade fertiggestellt worden war. Die Segelschiff-Reederei Laeisz schenkte die acht Onyx-Säulen im Turmsaal. Die Familie Petersen überreichte das Goldene Buch. Hamburger Damen aus entsprechenden Kreisen stickten den Wandteppich mit Staatswappen, der heute das Staatsgehege ziert.

Als im Zeichen der Aufklärung das mittelalterliche Ratssilber eingeschmolzen wurde, übersahen die Stadtväter, daß auch die Enkelgenerationen Feste und Festlichkeiten feiern wollten.

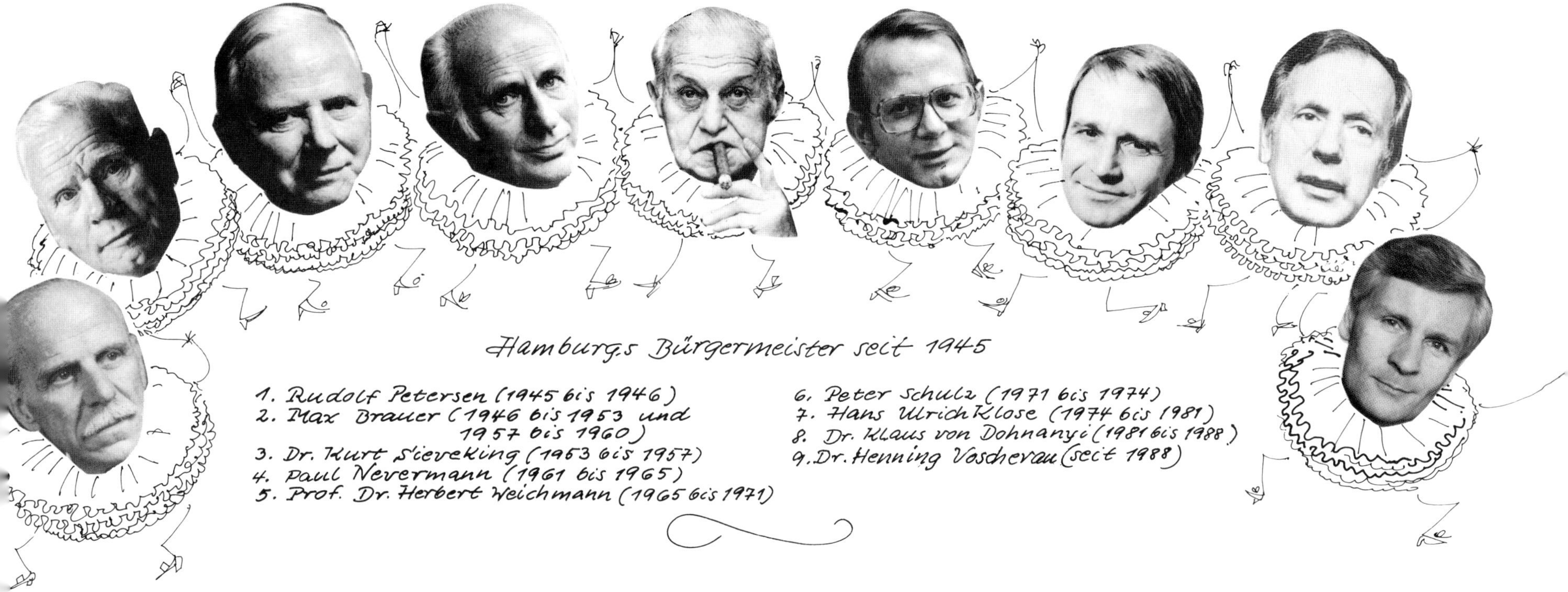

Hamburgs Bürgermeister seit 1945

1. Rudolf Petersen (1945 bis 1946)
2. Max Brauer (1946 bis 1953 und 1957 bis 1960)
3. Dr. Kurt Sieveking (1953 bis 1957)
4. Paul Nevermann (1961 bis 1965)
5. Prof. Dr. Herbert Weichmann (1965 bis 1971)
6. Peter Schulz (1971 bis 1974)
7. Hans Ulrich Klose (1974 bis 1981)
8. Dr. Klaus von Dohnanyi (1981 bis 1988)
9. Dr. Henning Voscherau (seit 1988)

Fortsetzung von Seite 26. Zwar spendierten illustre Gäste schon mal einen Kostbaren Tafelaufsatz und andere Einzelstücke, aber für das „normale" Besteck mußten schon seit altersher die Bürgermeister und Senatoren sorgen. Noch vor hundert Jahren wurde verlangt, daß ein Senator vor Amtsantritt 1000 Mark zur Verfügung stellte, um Suppenkellen, Zuckerdöschen und anderes kaufen zu lassen.

Heutige Politiker müssen nicht so tief in die Tasche greifen. Aber jeder scheidende Senator oder Bürgermeister hat die ungeschriebene Pflicht, ein komplettes Silberbesteck zum Abschied im Rathaus abzuliefern.

Un nu mol ganz wat anneres: Op den Raathuusturm ropklettern, bis boben op de Galerie – Herrliche Utsicht! (aver nur för Lüüd, de nich swinnelig ward. Jetzt verboten!)

AUCH HIER
BLEIBT MIR WIEDER
DIE "SPUCKE" (TINTE)
WEG!
JEDER TROPFEN TINTE IST FÜR
DIESE "ARCHITEKTUR" VERPLEMPERT!

ALSO – SCHÖN IST DIESES GEBÄUDE AUCH NICHT DARUM VERLÄSST MICH IN DIESER ECKE DIE LUST!
TRAUMHAFTER BLICK VON HIER OBEN
~ 450 STUFEN ZU "MEINER GALERIE"
IM TURM DES HAMBURGER RATHAUSES
C. HUDEMANN-SCHWARTZ 88

Ehret die Frauen sie
flechten und weben,
Himmlische Rosen ins
irdiche Leben!
„BRAUTTÜR"
HAMBURGER
RATHAUS
C. HUDEMANN-SCHWARTZ 88

Bürgerschaft

Ein gewähltes Parlament haben die Hamburger natürlich auch: Bürgerschaft nennt man es aus Tradition. Ebenfalls seit Jahrhunderten festgeschrieben: Dem Senat, der Regierung, steht der rechte Flügel des Rathauses zu, die Bürgerschaft hat Anspruch auf die linke Seite des Hauses. Die Damen und Herren Parlamentarier, 120 an der Zahl, treffen sich, wenn auch nicht immer vollständig, mindestens einmal in vierzehn Tagen in ihrem Amphitheater, dem Plenarsaal der Bürgerschaft, um Gesetze zu verabschieden, aktuelle politische Fragen zu diskutieren und um den Senat, der an der Stirnseite des Saales, hinter dem Rednerpult, Platz nimmt, zu kritisieren.

Wenn sich ab 16 Uhr die Bänke im Sitzungssaal langsam füllen, dann ist die Zuschauertribüne normalerweise schon gut besetzt. Alle Bürgerschafts=sitzungen sind öffentlich, grundsätzlich kann jeder, der sich rechtzeitig eine Einlaßkarte besorgt hat, von der Galerie aus, den mal langweiligen (Zuschauer dürfen dann einschlafen, Politiker nicht), mal polemischen (nun ist der Politiker in seinem Element) und mal brillanten (ganz selten) Reden lauschen. Um 22 Uhr soll angeblich Schluß sein mit dem Gezänk in der Bürgerschaft, damit die Abgeordneten am nächsten Tag wieder frisch und mun=ter an ihren Schreibtischen sitzen. Denn die Hansestadt leistet sich als einziges Länderparlament der Bundesrepublik Deutschland noch den Feierabendabgeordneten: Am Tage müssen die Politiker ihre Brötchen verdienen, am Abend entscheiden sie über Staatsfinan=zen, Schulen, Straßen und Theater.

Gästehaus des Senats

Am Straßenzug Schöne Aussicht – der seinen Namen übrigens zu Recht trägt – und am romantischen, seerosenbewachsenen Feenteich liegt das Gästehaus des Senats. Charles de Gaulle, Queen Elizabeth II. und andere illustre Besucher der Stadt haben hier übernachtet. Der weiße spätklassizistische Bau stammt aus der Feder Martin Hallers, des Rathausarchitekten. Die Villa wurde um 1850 für einen Hamburger Kaufmann auf weitläufigem Gelände errichtet.

Raths Wein Keller

Für die Gäste das Beste, inklusive Sonderwünsche: für das sowjetische Staatsoberhaupt Leonid Breschnew drehten die Köche des Ratsweinkellers blutenden Herzens den zartesten Rehrücken durch den Fleischwolf, weshalb das scheue Waldvieh nun als eine Art Bambi-Boulette auf den Tisch des Hauses kam.

Israels legendärer Verteidigungsminister Moshe Dayan fürchtete sich vor kulinarischen Attentaten. Für den Helden des Sinais scheute der Ratskellerwirt keine Mühe, eine Sonderküche einzurichten und sich den Risiken eines Vorkosters zu unterziehen.

Menüs für aus- und inländische Würdenträger und Festbanquette sind nur die hochoffizielle Seite des beliebten Restaurants, das 1896 eröffnet wurde.

Normalerweise treffen sich hier Hausfrauen nach dem Einkauf, schlichte Büromenschen und Kaufleute aus den umliegenden Kontorhäusern – kurzum Jedermann – zum Mittagessen oder später. Selbst die Politiker aus der Belle-Etage begeben sich hinab in den Ratsweinkeller: Politik zwischen Rinderkraftbrühe und Finkenwerder Scholle hat in Hamburg Tradition.

Die Ratsherren nutzten den alten Ratsweinkeller, der Vorgänger des heutigen, nicht nur zu Aussprachen, sie genossen außerdem ihr Hausrecht. Denn die weinhaltigen Kellergewölbe des sogenannten Eimbeckschen Hauses gehörten der Hansestadt. Mit den schönen Erträgen der Staatsschenke konnte manch gute Tat vollbracht werden. War das Stadtsäckel leer, so baute eben der Ratsweinkeller öffentliche Gebäude, spendete für Kirchenglocken oder für klobiges Geschütz während des Dreißigjährigen Krieges. (So könnte man natürlich heute noch Haushaltslöcher füllen. Aber liebe Politiger: Vorbei ist vorbei!) Versteht sich von selbst, daß Senatoren und Bürgermeister in ihrem Keller umsonst zechten. Bis in die erste Hälfte des 19. Jahrhunderts konnte die Stadt ihr lukratives und deshalb eifersüchtig bewachtes Wein- und Biermonopol hinüberretten. Das hieß: Ausschließlich im Ratsweinkeller durfte der köstliche

Rebensaft aus=
geschenkt wer=
den. Und im
ersten Stock des
Eimbeckschen
Hauses war der
Rat Alleinan=
bieter auslän=
discher Biere,
vorwiegend aus
dem fernen Eim=
beck (heute
Einbeck). Als
1842 beim Gro=
ßen Brand Rat=
haus und Rats=
weinkeller in
Schutt und Asche
sanken, da mußten
die Hamburger-
Bachus, sei es
gelobt – nicht
dürsten. Wein
und ausländi=
sches Bier durf=
ten inzwischen
überall ver=
kauft werden.

Im Ratsweinkeller Pro

BRUNNEN
IM RATHAUS-
HOF
C.H.S. 88

Die Börse, auch ohne Sparbüchse

Den Dauerlauf mit Blick zur Uhr können sich seit dem 1. Januar 1989 nun alle Hamburger Börsianer sparen. Als letzte der fünf Einzelbörsen schaffte die Versicherungsbörse das Börsensperrgeld ab, das vorher jeder Makler und Assekuradeur berappen mußte, der zu spät erschien. Das Börsensperrgeld belief sich auf die bittere Strafsumme von 30 Pfennigen. Wer diese drei Groschen aus dem Portemonnaie kramen mußte, unterzog sich einer etwas aufwendigen und auffälligen Zeremonie. Der Börsenofficiant wartete mit einer Art Sparbüchse in der Hand, daß die unglückseligen Zuspätkommer ihm den Obolus entrichteten. Damit die Angelegenheit aber auch nicht schlicht und rasch beizulegen sei, war es unter noch härterer Strafandrohung verboten, Münzen in den Schlitz der Dose zu werfen. Der mit der Sühne Belegte mußte stattdessen zum Pförtner der Börse eilen, um dort seine Groschen in einen Jeton umzutauschen, den er dann der Spardose anvertraute. Festgesetzt wurde dieses Sperrgeld 1831, weil Schlendrian eingezogen war, einige Börsianer fast permanent zur Unpünktlichkeit neigten und dadurch die zügige Abwicklung der Geschäfte verhinderten.

Im Unterschied zu den Hamburger Ratsherren, Senatoren und Bürgermeistern, die in staatlichen Finanzangelegenheiten bekanntermaßen seit Jahrhunderten nicht immer Glück hatten, ist es an der Börse ein wenig anders. Hamburg fühlt sich als „Merkurs eigene Stadt" und die Börse als sein „Tempel". Merkur, jener griechisch-römische Gott der Kaufleute, Wegelagerer und Diebe, hält nicht nur seit Jahrhunderten seine schützende Hand über Handel und Wandel, er sitzt auch höchstselbst als Marmorskulptur im Treppenaufgang zur Handelskammer.

Schon früh hatte man an der Elbe erkannt, daß die Kaufleute dringend einen offiziellen Treffpunkt benötigten, wo sie ihre Geschäfte nach einheitlichen Regeln abwickeln könnten. Im Jahre 1558 ließ der Rat der Stadt die Gründung der ersten Börse Deutschlands zu. Aus Geldmangel konnte zuerst der vorgesehene Platz neben der Trostbrücke nur gepflastert und eingefriedet werden. Man traf sich, wie anfänglich auch an den großen Börsen der Niederlande, unter freiem Himmel bei Sonnenschein, Regen, Eis und Schnee. Man kann sich das Aufatmen aller Kaufleute und ihrer besorgten Ehefrauen vorstellen, als 1583 das erste kupfergedeckte Börsengebäude fertiggestellt wurde.

Börse um 1600

Respektsperson und wichtiges Organ der Börsenverwaltung war der „Börsenknecht" (ab 1814 erhielt er leider die weniger deftige Bezeichnung „Börsenschreiber"). Er hatte regelmäßig auf der Börse zu erscheinen, unterrichtete die Kaufleute über an- und abreisende Boten, wies Bettlern und unternehmungslustigen Damen die Tür und streute bei Glatteis. Seine Gehilfen hatten die ehrlichen Titel „Börsenfeger" und „Unterbörsenknecht".

Die Geschäfte entwickelten sich prächtig. Nur die Ausländer betrachteten die Festsetzung der Hamburger Kurse mit Argwohn, denn es herrschte ein Währungs-, Maße- und Gewichtesalat. Und das ganze besaß offenbar System. Der Rat und die Kaufleute sträubten sich vehement gegen Vereinheitlichung, denn – so meinten sie freiherzig – man dürfe die Auswärtigen nicht zu klug machen. 1823 rang man sich dazu durch, viele Preise in Mark Banco und ohne Rabatt zu notieren. Aber, was wäre die Regel ohne Ausnahmen? So durften zum Beispiel traditionsbewußte Kaufherren Zucker weiterhin in flämischen „Groten" angeben, einer Münze, die bereits aus dem Verkehr gezogen war.

Trotz zahlreicher Um- und Anbauten platzte die Börse, ob der drangvollen Enge, allmählich aus allen Nähten. Besuchten doch um 1830 täglich 4000 Leute den Wirtschaftstreffpunkt. 1841 feierte man die Einweihung eines neuen Hauses. Seine Gestaltung im Stil der italienischen Renaissance mit Sandsteinfassade stammt von den Skizzenbögen der Hamburger Architekten Wimmel und Forsmann. Das Gebäude mit den später errichteten West- und Ostflügeln ist heute das älteste Gebäude der City. Denn beim Großen Brand von 1842 konnte in der näheren Umgebung nur die Börse gerettet werden. Die Tatsache, daß es sich um einen Steinbau handelt hat auf jeden Fall dazu beigetragen, daß die neue Börse nicht, wie die übrigen Holzfachwerk-Häuser der Stadt, ein Raub der Flammen wurde.

Den Zweiten Weltkrieg indessen überstand das Gebäude nicht unversehrt. Die schlimmen Zerstörungen sind aber längst behoben und gehören zur Geschichte. Wenn werktags um 11.30 Uhr die Informationen für jedermann in der Börse stattfinden, dann strebt das Geschehen seinem üblichen mittäglichen Höhepunkt zu. Dem modernen Geschäftsgebaren hat man auch in punkto Kleidung Tribut gezollt. Die Zylinder und Cutaways sind verschwunden, und im Sommer gibt man sich auch mal hemdsärmelig. Aber, daß Börse nicht gleich Börse ist, das kann man in Hamburg noch intensiv studieren. Unter der Bezeichnung Hamburger Börse existieren nebeneinander: die Allgemeine Börse, die Hanseatische Wertpapierbörse, die Getreidebörse, die Versicherungsbörse und die Kaffeebörse. Letztere hat allerdings ihren Sitz in der Speicherstadt.

Restaurieren

Die Handelskammer – Vertreterin der Wirtschaft

Zum 300. Geburtstag spendierte sich die Handelskammer Hamburg ein rauschendes Fest. 2000 Gäste tanzten und lachten in den Hallen, in denen am Tage die streßgeplagten Börsianer ihr nervenzerreißendes Geschäft ausüben. Das war 1965.

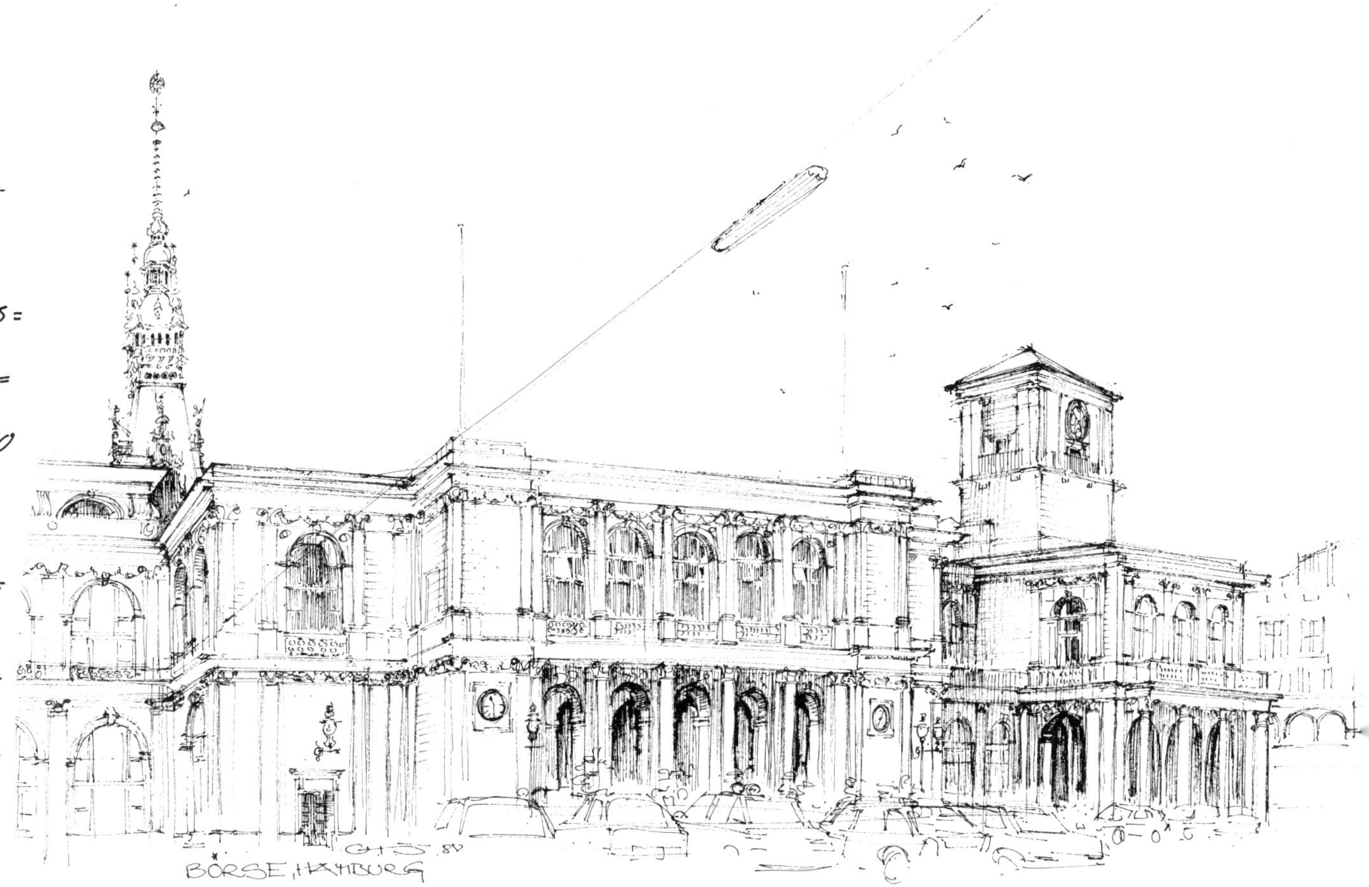

Im Jahre 1665 beäugte der Rat, wie damals der Senat genannt wurde, mit Argwohn die „zur See handelnden Kaufleute", die am 19. Januar anno domini sieben Leute zur Wahrnehmung ihrer Interessen auswählten. Der Rat mochte sich damals und kann sich auch heute noch nicht so recht mit dieser Vertretung anfreunden. Lange stellte er ihre Legitimation in Frage. Schließlich erinnerte sich der Rat daran, daß sich die 1517 gegründeten „Kaufmannsälterleute", nachdem es ihnen gelungen war, 1558 die Börse aus der Taufe zu heben, durch Unstimmigkeiten wieder aufgelöst hatten. Warum sollte mit der neuen Commerzdeputation nicht das gleiche passieren.

Aber dieses Mal kam es anders. Denn der „Ehrbare Kaufmann", wie sich früher die gesamte Kaufmannschaft zu nennen beliebte, fühlte sich massiv bedroht: Türkische Seeräuber trieben ihr Unwesen. Die Schiffe mit Mann, Maus und Ladung waren vor den wilden Horden nicht sicher. Zu allem Unglück brach zusätzlich 1664 der zweite englisch-holländische Seekrieg aus.

Modell eines Convoyschiffes von 1668 „Leopoldus Primus" im Museum für Hamburgische Geschichte. Mal hingehen!

Bereits seit 1662 zahlte die Kaufmannschaft ein sogenanntes Convoygeld. Es handelte sich dabei um eine Art Zoll, mit dem die Ein- und Ausfuhren belegt wurden und mit dem man Convoyschiffe zum Geleitschutz der Handelsschiffahrt ausrüstete. Die erste hanseatische Fregatte, ein städtisches Convoyschiff mit stattlichen Kanonen, lief 1668 vom Stapel.

Im Laufe der Zeit konnten die Piraten in ihren nordafrikanischen Häfen ausgeräuchert werden. Aber die Sklavenkasse bestand weiterhin. Sie war bis 1811 die finanzielle Grundlage der Commerzdeputation. Mit dem Geld trieb man unter anderem „Wirtschaftsförderung". So beteiligte sich die Commerzdeputation finanziell an der Vertiefung der Elbe, an der Hafenerweiterung und am Bau städtischer Magazine. Als eine Art Reptilienfonds mußte die Kaufmannskasse außerdem dann herhalten, wenn es sich darum drehte, Gesandten und anderen wichtigen Persönlichkeiten die passenden Präsente überreichen zu können.

Bis Anfang des 19. Jahrhunderts waren an „E. Ehr. Kaufmann" nur die christlichen Großhändler beteiligt, obwohl sich das Wirtschaftsleben der Stadt bereits stark industriell ausgerichtet hatte. Änderungen wurden unumgänglich. 1849 ließ man nach langen Kämpfen Juden zu, 1855 auch Fabrikbesitzer und Geschäftsführer großer Unternehmen.

Bis zum heutigen Tag ist die Handelskammer das geblieben, als was sie einst gegründet wurde: unabhängige Vertreterin der Wirtschaft. Sie übt das Hausrecht aus im

Almosen für die Sklavenkasse.
Aus Holz geschnitzte Figuren gefangener Seeleute des 17. und 18. Jahrhts. waren in Hamburger Kirchen zur Geldsammlung aufgestellt worden.

Börsengebäude am Adolphsplatz und ist rechtlich die Trägerin der Börse. Das Verhältnis zum Senat ist weiterhin ein delikates. Um enge Kontakte knüpfen zu können, hat man beim Rathausbau einen direkten Verbindungsgang zwischen den beiden Gebäuden geschaffen. So kann der jeweilige Bürgermeister oder der Präses der Handelskammer ungesehen von der Öffentlichkeit die „Seite wechseln", um in wichtigen Angelegenheiten einen Meinungsaustausch herbeizuführen. Und man sagt: Dreht sich der Schlüssel oft in den Schlössern der beiden Verbindungstüren, dann herrscht entspanntes Klima zwischen Politik und Wirtschaft in Hamburg.

Gegensiedig

Een Buer ut de Gegend vun Teterow kummt ton ersten Mol no Hamborg. He geiht son beten spaziern un kummt ok an'n Rothuusmarkt vörbi dorch de grote Johannisstroot. Dat is grod Börsentied, un as he all de veeln Koplüüd in de Börs rinlopen sütt, frogt he een, wat dat vör een Huus is.

„Dat is de Börs", seggt de.

„Börs? Wat's dat denn?"

„Na, dor verrichten de Koplüüd jem ehr Geschäfte", seggt de anner.

„So, so!" meent de Buer, „denn möt dor awer een Barg Klosetts sien."

„Nee," roppt dor de anner, „de doet dor nich neudig. De Hamborger Koplüüd schiet sick gegensiedig an."

Weiter im Text auf der übernächsten Seite!
Vorher en beeten an de Luft, Musik hören!

Sterntaler
AveMaria
Aus equador
H.K. 88

Die Commerzbibliothek: Keine Regenschirme für die Bücher

Die Sklavenkasse war prall gefüllt. Die Zeit der Piraterie neigte sich ihrem Ende zu. Nur noch ab und zu mußten Hamburger Kapitäne und Matrosen, deren Schiffe und Ladung von den sogenannten „Barbaresken" gekapert worden waren, mit Hilfe der von der Kaufmannschaft unterhaltenen Sklavenkasse freigekauft werden. Was tun mit den vorhandenen Schätzen? „In Eines Hochweisen Raths Weinkeller zu nachmittage" trafen sich eines schönen Tages im Jahre 1735 die sieben Commerz-Deputierten, und in dieser angenehmen, feucht-fröhlichen Umgebung beschlossen sie, eine Bibliothek zu gründen. Man wollte von nun an nützliche Lektüre anschaffen. Der Beschluß der Deputierten legte den Grundstein für die älteste Kaufmanns- beziehungsweise wirtschaftswissenschaftliche Bibliothek Europas. Vergleichbare Bibliotheken entstanden im In- und Ausland erst im 19. Jahrhundert. So ist es auch nicht verwunderlich, daß der Commerzbibliothek im 18. Jahrhundert der Ruf vorauseilte, eine der Hamburger „Staatsmerkwürdigkeiten" zu sein.

Der erste Katalog von 1750 verzeichnete 1000 Werke. Und man kaufte nicht nur Bücher. Ähnlich wie die britische Admiralität sammelte man eifrig See- und Landkarten, Globen, mathematische und astronomische Instrumente. Ende des 19. Jahrhunderts zählte man rund 120000 Bände.

Aber die Liebe zu den Druckerzeugnissen hatte gelitten. Als 1907 die Bibliothek wegen Erweiterung des Börsengebäudes vorläufig ausquartiert werden mußte, wies man ihr ein völlig ungeeignetes Domizil zu. Nach einer Besichtigung schrieb Max Warburg 1913: „An starken Regentagen werden auch einige Bücher recht feucht; da das Aufstellen von Regenschirmen für jedes einzelne Buch nicht praktisch ist, ist der mögliche Schaden bei dem Hamburger Klima gar nicht abzusehen."

Der bibliophile Bankier sollte Recht behalten, aber die Wasserschäden waren nur die Vorboten einer noch größeren Katastrophe, die die Kaufmannsbibliothek in ihrem zweiten Provisorium im Ostflügel der „Gelehrtenschule Johanneum" am 25. Juli 1943 traf. Nach einem Luftangriff brannte die Commerzbibliothek aus. Von den 188 000 Werken blieb nur ein kümmerlicher Rest von 14 000 Bänden. Dieser kleine Schatz war zum größten Teil vorher aus Platzgründen ausgelagert worden.

Heute residiert die Commerzbibliothek wieder im Börsengebäude. Mit 152 000 Bänden ist sie die drittgrößte wirtschaftswissenschaftliche Bibliothek der Bundesrepublik. Zur Benutzung steht sie jedermann offen. Die Bücherausleihe ist kostenlos. Nur der gültige Personalausweis sollte dabei nicht fehlen.

RATHAUSMARKT-HOF
HAMBURG
C. HUDEMANN-SCHWARTZ 87

Die Rathausschleuse

Die erste Schleuse hier wurde 1846 gebaut. Sie hieß noch Alsterschleuse. Sie wurde 1970 bis 1973 im Zuge des Umbaues der S- und U-Bahn neu errichtet. Die Schleuse ist vollautomatisch und Tag und Nacht von einem Schleusenmeister besetzt. Die Alster wird bis zur Schaartorschleuse am Binnenhafen, am Baumwall, auf ihrem Wasserstand gohalten. Von hier aus fahren die Schiffe in die Elbe.

Auf einer Fleetbrücke steht ein Betrunkener, dem hundselend zumute ist. Er lehnt sich über's Geländer und kotzt ins Wasser. Da kommt Tetje vorbei und ruft ihm zu: „So is dat recht, Mann, schön' dien Mors!"

DYCKHOFF
EIN MANN OHNE KOPF
REISE
Hilde Lüdemann 12. April 1988

Der Rathausmarkt – ein Platz mit vielen Gesichtern

Ihren Rathausmarkt haben die Hamburgerinnen und Hamburger erst sehr spät in Besitz genommen. Als das Rathaus längst komplett war, standen immer noch, wie aus alter Gewohnheit, ein paar Bauwagen auf dem Platz davor. Ab 1903 zierte, wie überall im Reiche, ein Kaiser-Wilhelm-Denkmal den Platz. Seine Majestät mußte dann 1930 umziehen auf den Sievekingplatz, wo er noch heute hoch zu Pferde reitet, den Blick auf Strafjustizgebäude und Untersuchungsgefängnis gerichtet.

Nun wurde der Platz vor dem Rathaus zur Warte- und Haltestelle umfunktioniert. Und es sollten bald noch mehr werden, denn Hamburg wollte sich mit einer U-Bahn das damals modernste Verkehrsmittel leisten. Und auch das Rathaus bekam seine Haltestelle, unterirdisch natürlich. 1912 wurde die Strecke Berliner Tor – Hauptbahnhof – Rathaus eingeweiht. Eine der schwierigsten Bauabschnitte lag unmittelbar hinter der Börse. Da, wo die U-Bahn aus dem Tunnel ans Licht fährt, am Mönckedamm, muß sie, um auf das Viadukt zu gelangen, eine Steigung von über 48 Prozent bewältigen. Daran hat sich bis zum heutigen Tag nichts verändert.

Nach einem Architektenwettbewerb ging die Stadt 1977 an die Neugestaltung. Fußgängern wurde der Vorzug gegeben. Aber dankbar zeigten sich die Hanseaten nicht. Kaum war der Platz 1982 eingeweiht, ging es los mit der typisch hamburgischen Meckerei und Nörgelei: Die Stufen taufte man kurzerhand um in Stolpersteine, über die unaufmerksame ältere und jüngere Deerns in zierlichen Pumps dutzendweise purzelten und sich angeblich Hack und Zeh brachen. Das Heinrich-Heine-Denkmal wurde beckmesserischer Kritik unterzogen, und einige spitzen Zungen nannten die moderne Plastik „verspätete Rache" der Stadt an ihrem Dichter, der Hamburg und seine Kaufmannschaft nicht mit Freundlichkeit überschüttet hatte. Die gläsernen Arkarden an der

Übergangsbrücke zwischen den beiden Gebäuden der Deutschen Bank am Mönckedamm und Fleet.

Nordseite des Platzes sind zwar aus edlem Material, aber das Leben, das sich normalerweise darunter abspielt, ist eher gutbürgerlichen Zuschnitts. Die Würstchenbude jedenfalls ist gut frequentiert. Und die Telefonzellen in der Regel immer besetzt oder außer Betrieb. An Regentagen soll es den einen oder anderen Hamburger geben, der Schutz unter'm Glasdach sucht.

Richtig was los ist auf dem Rathausmarkt erst dann, wenn dort Feste gefeiert werden: „Altstervergnügen", „Weindorf" oder andere bunte Belustigungen. Dann trifft man in und zwischen den Buden Mitmenschen, die man Jahre nicht gesehen hat oder sehen wollte.

Ansonsten herrscht hier eher fußgängerdurchgangsverkehr.

Auf dem Rathausmarkt gehört:
„Wat seggst du op Plattdüütsch to'n Laternenpfahl?"
„Kantüchtenpaal!"
„So? Ik segg gor nix to em. Ik gah stracks vörbi."

Heinrich Heine Denkmal am Rathausmarkt

Selbstbedienung im Sommer

Alsterarkaden H.H. 88

Während der Woche kommen viele Menschen aus dem Hamburger Umland in die Elbmetropole, zum Einkaufen und Flanieren. Zwischen Alster und Hafenrand erstreckt sich ein einziges großes Einkaufsparadies mit vielen Fachgeschäften und Kaufhäusern. Und nicht vergessen, die fliegenden Händler mit allerlei Waren. Natürlich is de Knackwurst ok ümmer dorbi. Dat heet, tein Johr ne Knackwurstbood in de Innenstadt, un du hest een egen Huus! Sehr weihnachtlich ist der kleine Markt zur Adventszeit um die Petrikirche, in der Mönckebergstraße, die Oberbaudirektor Fritz Schumacher Anfang dieses Jahrhunderts plante und verwirklichte und die heute als Hamburgs Einkaufsstraße Nummer eins gilt.

H. Hademann An der Petrikirche 1988 Dezember

Aufwärmen im Karstadt-Eingang

Über hundert verschiedene Einzelhandelsgeschäfte zählt die Statistik entlang der Meile, an der auch die schöne Petrikirche ihren schlanken Turm in den Himmel reckt. Sie ist die älteste der Hamburger Hauptkirchen. Nach dem Großen Brand wurde sie in den Jahren 1844 bis 1849 im neugotischen Stil wieder errichtet.

Und wenn der Kaufrausch die Mönckebergstraße übersteht, dann kann man selbstverständlich ebenso gut auf dem nahen Jungfernstieg sein Geld loswerden wie in den neuen Konsumtempeln zwischen Rathaus- und Gänsemarkt, den überdachten Einkaufspassagen. Zum Abschluß sollte man sich im Sommer mit Blick auf das Rathaus, bei Kaffee und Torte mit Sahne natürlich, draußen sitzend unter den Alsterarkaden, den Tag versüßen und nicht die Ebbe im Portemonnaie beklagen. Und die tolle Straßenmusik darto, dat fault, trommelt und klingelt...

Unten auf der Kleinen Alster tummeln sich Schwäne und tuckert der Alsterdampfer vorbei, hin zur Rathausschleuse, die er passieren muß, wenn er zur Fleet- oder Vierlandefahrt in Richtung Elbe aufbricht. Da muß man es einfach mit Hoffmann von Fallersleben, dem Dichter des Deutschlandliedes, halten, der während eines Aufenthalts in der Hansestadt schrieb: „Wie schöne Bilder bot mir jeder Tag..."

DIE STLLE
ST. PETRI AN DER
LAUTEN, LEBENDIGEN
MÖNCKEBERGSTR.
89

Im Schatten des Rathauses: Die Wiege des Hafens

Das Rathaus ist heute unbestritten das Zentrum der Stadt. In seinem Umkreis wird der Hamburger Geschichte ein Schattendasein zugemutet. Kein Schild und keine Tafel weist den Weg zu der Stätte, wo einst die Wiege des Hamburger Hafens stand. Ringsum die Trostbrücke wird kaum Notiz genommen vom historischen Grund und Boden. Nur wenige Büromenschen lassen sich hier blicken. Genervte Autofahrer versuchen einen der wenigen City-Parkplätze zu ergattern. Im Sportboothafen unterhalb der Zollenbrücke dümpeln ein paar Motoryachten vor sich hin. Nur auf der nahen Ost-West-Straße ist mächtig was los: Dort tobt der mörderische Autoverkehr.

Von der Trostbrücke blicken Erzbischof Ansgar und Graf Adolph III. von Schauenburg auf das Nikolaifleet hinunter. Den steinernen Schmuck hat man auf die in ihrer heutigen Form 1881-1883 errichtete Brücke gesetzt, um durch die Standbilder der beiden Gründer der Alt- beziehungsweise Neustadt daran zu erinnern, daß diese Brücke früher eine der wichtigsten Verbindungen zwischen

Hier befand sich vom 12. bis 19. Jahrhundert die älteste Mühle der Stadt, die Niedern Mühle. Auf meiner Zeichnung tuckert gerade „Schietfischer Dornheim" vorbei und fischt den vielen Schiet aus Fleeten und Alster heraus.

den beiden Teilen Hamburgs war. Die nahegelegene Zollenbrücke erfüllte die gleiche Funktion. Sie ist übrigens mit ihrem Baudatum von 1633 die älteste erhaltene Brücke der Hansestadt, aber weitgehend ihrer Bestimmung beraubt. Überspannte sie doch einst das Gröningerstraßenfleet, das 1946 zusammen mit vielen anderen Wasserläufen mit den traurigen Überresten zerstörter Häuser zugeschüttet wurde.

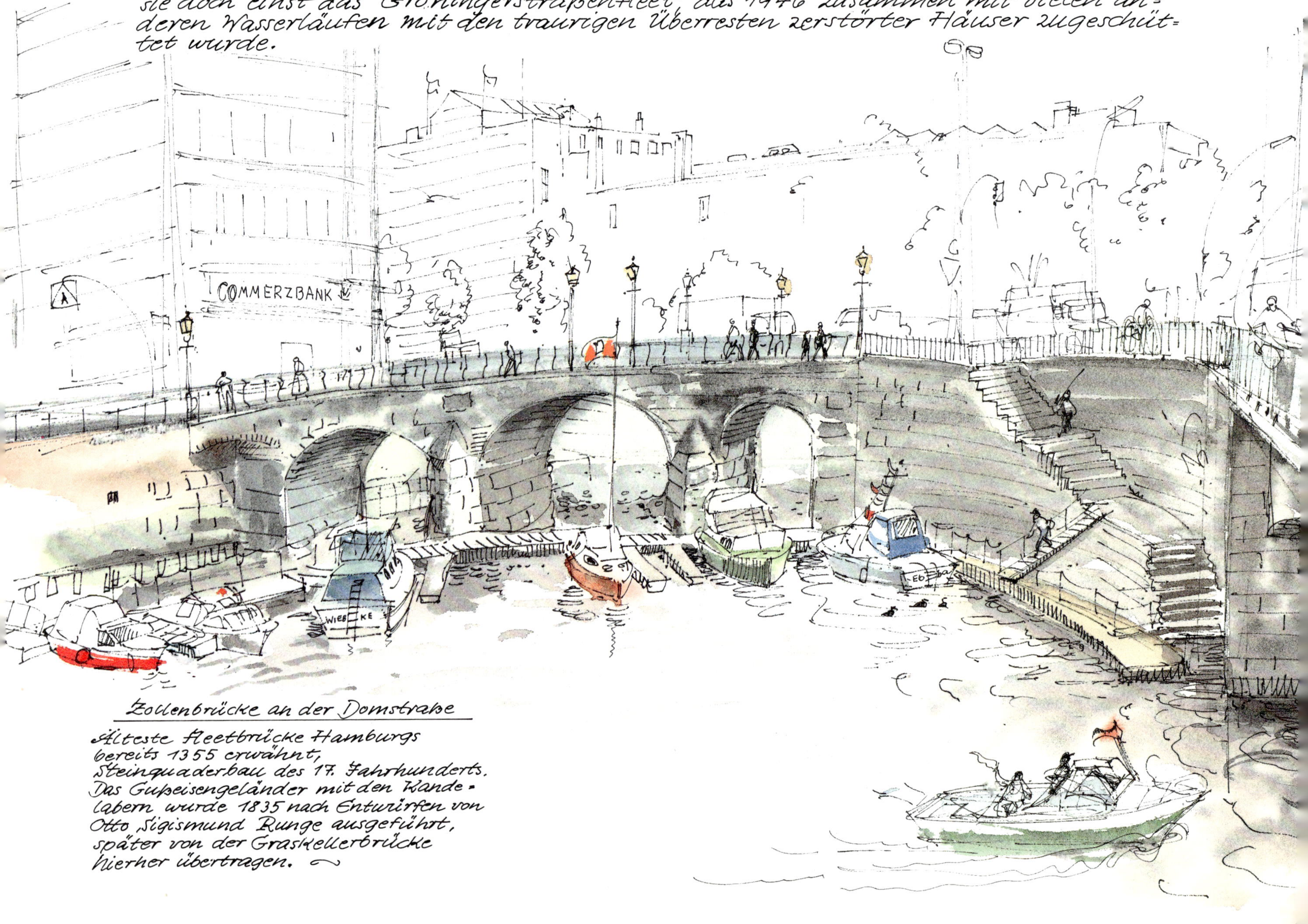

Zollenbrücke an der Domstraße

Älteste Fleetbrücke Hamburgs bereits 1355 erwähnt, Steinquaderbau des 17. Jahrhunderts. Das Gußeisengeländer mit den Kandelabern wurde 1835 nach Entwürfen von Otto Sigismund Runge ausgeführt, später von der Graskellerbrücke hierher übertragen.

Hier im ehemaligen Alsterbogen zwischen Trost- und Zollenbrücke (heute Nikolaifleet) lag er, der erste Hamburger Hafen. Und nicht zu vergessen: Das alte Rathaus, die Börse hatten an dieser Stelle über Jahrhunderte ihren Sitz. Auch die erste Brücke der Hansestadt hat man einst an diesem Ort geschaffen: Da, wo heute die Mühlenbrücke sich über das Nikolaifleet wölbt, überspannte wahrscheinlich schon Ende des 10. Jahrhunderts zum

erstenmal ein Holzsteg die Alster. Gleich nebenan errichteten die Hamburger ihre erste Wassermühle, die sogenannte Niedern Mühle.

Damals konnte mit Sicherheit niemand wissen, was aus Alster, Hafen und Stadt einmal werden würde. Zu bescheiden waren die Anfänge. Aber, daß man heute den Geburtsort des Hafens nach dem Motto behandelt „Davon ist keine Notiz zu nehmen", kann niemand mit hanseatischem Understatement entschuldigen. Das, sollte man meinen, muß sich ändern. Hier ist die Bürgerschaft, der Senat und das Rathaus gefordert, denn nur von dort kann Besserung und Änderung herbeigeführt werden.

HAPAG Lloyd
Am Jungfernstieg
Reesendammbrücke 1988

Am Hopfenmarkt nur 5 Minuten vom Rathausmarkt

Am Markt lernt man die Leute kennen

Vierländer-Brunnen

Der von Engelbert Pfeiffer geschaffene Brunnen wurde 1878 auf dem Meßberg, dem früheren Obst- und Gemüsemarkt, als Marktbrunnen errichtet.
Er erinnert an die Vierlande und die Vierländer als die Hauptlieferanten für Hamburgs Märkte.
Der Brunnen wurde später auf dem Großmarkt Amsinckstraße aufgestellt. 1975 fand er hier, am historischen Hopfenmarkt, einen neuen Platz. Un nu loot em dor man ok stohn!

Dienstag und Donnerstag von 11–16 Uhr findet der Markt statt.
Hier können die Berufstätigen aus Hamburgs Innenstadt in der Mittagspause ihre Einkäufe machen. Immer frische Ware!

Blick vom Hochhaus
Deutscher Ring auf die
Hamburger Innenstadt
Mai 1988

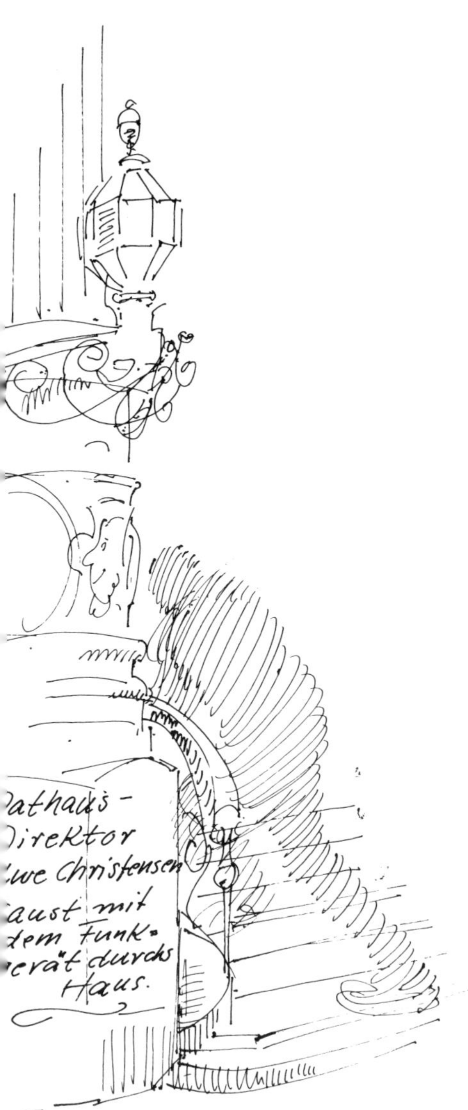

Aus diesen Werken haben wir unsere Weisheiten geschöpft

Manfred Asendorf, Franklin Kopitzsch, Winfried Steffani, Walter Tormin (Hrsg.), Geschichte der Hamburgischen Bürgerschaft, Berlin 1984.

Heinz-Jürgen Brandt, Das Hamburger Rathaus, Hamburg 1957.

Adolf Buehl, Aus der alten Ratsstube, Erinnerungen 1905–1918, Hamburg 1973.

Alfred Dreyer, Der alte Ratsweinkeller zu Hamburg 1250–1842, Glückstadt, o. J.

Joachim Häger / Hans-Jürgen Simmersbach, Hammonia und ihre U-Bahn, Hamburg 1986.

Hamburg wie es war und ist, von einem Hamburger, Hamburg 1850.

Handelskammer Hamburg (Hrsg.), Dokumente zur Geschichte der Handelskammer Hamburg, Hamburg 1965.

Handelskammer Hamburger (Hrsg.), 250 Jahre Commerzbibliothek der Handelskammer Hamburg, Hamburg 1985.

Handelskammer Hamburg, Hamburger Börse (Hrsg.), Vierhundert Jahre Hamburger Börse, 1558–1958, Hamburg 1958.

Renate Hauschild-Thiessen, Bürgerstolz & Kaisertreue, Hamburg 1979.

Hermann Fedding, Hohe Kunst zwischen Biedermeier und Jugendstil: Historismus in Hamburg und Norddeutschland, Hamburg 1977.

G. Klein, 400 Jahre Hamburger Börse, Hamburg o. J.

Hildegard von Marchtaler, Aus Alt-Hamburger Senatorenhäusern, Veröffentlichungen des Vereins für Hamburgische Geschichte Band XVI, Hamburg 1959.

Bernhard Meyer-Marwitz, Merkur, Neptun und Hammonia, Hamburg o. J.

Heinrich Reincke, Forschungen und Skizzen zur Hamburgischen Geschichte, Veröffentlichungen aus dem Staatsarchiv Hamburg, Band III, Hamburg 1951.

Senatskanzlei der Freien und Hansestadt Hamburg (Hrsg.), Das Rathaus der Freien und Hansestadt Hamburg, Hamburg o. J.

Rolf Stephan, Verbinden und Überwinden, Sonderdruck Baukultur, Jan./Feb. 1984.

Helmuth Thomsen (Hrsg.), Hamburg, München 1962.

Erik Verg, Unser Rathaus, Hamburg 1988.

Otto Wagner, Bürger und Bürgerschaft in Hamburg, Hamburg 1959.

Joachim Wege, Die Bürgerschaft, Hamburg 1984.

Noch ein paar Hinweise:
Seite 9 - Abbildung „Altes Rathaus vor 1842"
von C. Laeisz. Reproduktion aus:
„Ein Jahrhundert Hamburg 1800 - 1900"
Herausg. Victor Dirksen, Verlag Franz Hanfstaengel,
München. Das Original ist im Staatsarchiv Hamburg.
Seite 43 - Döntje aus: „Lot mi an Land"
Hans Köhler Verlag, Hamburg
Seite 48 - Döntje aus: „Der Witz der
Hamburger" Kurt Desch Verlag, München

CIP - Titelaufnahme der Deutschen Bibliothek:
Rund um das Hamburger Rathaus /
Hilde Hudemann; Christel Hudemann-Schwartz;
Rita Gramm. - Hamburg: Christians, 1989
ISBN 3-7672-1074-6
NE: Hudemann, Hilde (Ill.); Hudemann-Schwartz,
Christel (Ill.); Gramm, Rita (Mitverf.)

Gesamtherstellung Hans Christians Druckerei,
Hamburg.
Lithos Gries GmbH, Ahrensburg.
ISBN 3-7672-10746
Printed in Germany - un nu lot mi an Land!

Adschüs ok!

BLICK VOM RATHAUSTURM
ALTE POST U. BINNENALSTER
~ 350 STUFEN!
C. HUDEMANN-SCHWARTZ 88